Heinz Wähler

MINDEN

Gestern und heute – Eine Gegenüberstellung

Wartberg Verlag

Fotonachweis: Bildarchiv Mindener Tageblatt (29); Kommunalarchiv Minden (6); Heinz Wähler (42).

1. Auflage 1997

Druck: Werbedruck Schreckhase, Spangenberg
Buchbinderische Verarbeitung: Hollmann, Darmstadt

34281 Gudensberg-Gleichen, Im Wiesental 1, Tel. 05603 / 4451 u. 2030
ISBN 3-86134-394-0

Vorwort

Wer als „Ur-Mindener" vor der Aufgabe steht, die Stadt Minden einst und jetzt in Fotografien gegenüberzustellen, wird mit Erstaunen und manchmal auch mit Bedauern und Erschrecken feststellen, wie grundlegend sich das Mindener Stadtbild in nur wenigen Jahrzehnten verändert hat.
Mit dem jetzigen Zustand sollen in diesem Buch nicht das mittelalterliche Minden verglichen werden, auch nicht die Zeit bis in das vergangene 19. Jahrhundert hinein, sondern in erster Linie Blickpunkte vor dem Zweiten Weltkrieg und kurz nach ihm.
Deutlich wird dabei in erster Linie zweierlei: Zum einen verschwand ein Großteil Alt-Mindens, soweit es die historische Innenstadt betrifft, im planmäßigen Bombenhagel 1945, zum anderen gingen wesentliche Teile, z.B. der unteren Bäckerstraße zwischen Wesertor und Poststraße und des Gebietes zwischen Klausenwall und Obermarktstraße, im Zuge der großangelegten Innenstadtsanierung in den siebziger und achtziger Jahren verloren.
Ganz bewußt konzentrierte sich die Stadtsanierung in Minden nur auf die beiden genannten Gebiete, in allen übrigen Stadtbereichen – insbesondere in der historischen oberen Altstadt mit ihrer teilweise maroden Altbausubstanz – nahm der Rat mehrheitlich von der geplanten Flächensanierung noch rechtzeitig Abstand und konzentrierte sich auf Einzelobjekt-Sanierungen, wobei in erster Linie die Privatinitiative der Objektbesitzer bis auf den heutigen Tag gefragt war und ist.
Beim Durchblättern des vorliegenden Bildbandes wird man unschwer feststellen, daß es nur wenige städtebaulich bemerkenswerte Objekte gibt, die sich nicht verändert haben. An vielen Plätzen ist etwas völlig Neues entstanden und die alte Substanz nicht mehr erkennbar.
Heute wissen aus eigener Anschauung nur die Älteren, daß zum Beispiel noch bis nach dem Zweiten Weltkrieg Minden auch Kohle-Standort war, nämlich mit der Schachtanlage in Meißen. Wo einstmals Zechengebäude und Förderturm aufragten, befindet sich heute ein moderner Gewerbepark.
In den letzten Jahrzehnten haben zudem sämtliche Mindener Straßen- und Eisenbahnbrücken über Weser und Kanal (und das sind inzwischen über 20 Stück!) ihr Gesicht verändert, weil sie erneuert werden mußten. Und das häufig gleich zweimal: beim Mittellandkanal im Zuge der Beseitigung der Zerstörungen durch Sprengungen durch deutsche Truppen zu Kriegsende und rund zwei Jahrzehnte später infolge der Verbreiterung der Wasserstraße, die alte Weserbrücke im Stadtzentrum dagegen im Zuge des Ausbaus des innerstädtischen Straßennetzes.
Dennoch – ehe der Liebhaber alter Stadtbilder beklagt, daß die im Jahre 798 erstmals urkundlich erwähnte Stadt Minden als einstmals zweitgrößte mittelalterliche Stadt in Westfalen nach Dortmund und als ein damaliges Zentrum weltlicher und kirchlicher Macht diese große historische Vergangenheit auf den ersten Blick im heutigen Stadtbild nicht mehr vermuten läßt, der sollte daran denken, daß Städte, die sich wirtschaftlich weiterentwickelten, mit dem ökonomischen Fortschritt auch ihr Stadtbild veränderten.
Dennoch sollte sich der Betrachter und Leser der Mühe unterziehen, die teilweise weit auseinander liegenden kulturhistorisch wertvollen Objekte Mindens neu zu entdecken.
Dieses Buch will dafür eine kleine Hilfestellung geben, insbesondere aber auch den Blick auf die reiche Geschichte dieser Stadt lenken, die sich vom Bischofssitz und von der Handelsstadt über eine Garnison- und Verwaltungsstadt nun wieder zu einem verbraucherorientierten Dienstleistungszentrum für ein weites Umland entwickelt hat.
Von alledem werden wir bei unserem Bilderstreifzug durch Minden Stadt und Land etwas erfahren – ausgehend vom Markt als Zentrum der Stadt, über die beiden Domhöfe, den Obermarkt, die Bäckerstraße zwischen Wesertor und Poos, stromauf und stromab der Weser, vom Bereich Fischerstadt in die Oberstadt, und danach zu einigen „Außenobjekten".
Das alte Bildmaterial entdeckten wir im reichen Fundus des Kommunalarchivs Minden, vor allem im Bildarchiv des Mindener Tageblattes, aber auch im eigenen Bestand des Autors und vereinzelter Mindener Bürgerinnen und Bürger, denen der Dank für die bereitwillige Überlassung des Materials für diesen Zweck gilt.
Sämtliche aktuellen Fotos aus unseren Tagen wurden vom Autor angefertigt.

Heinz Wähler

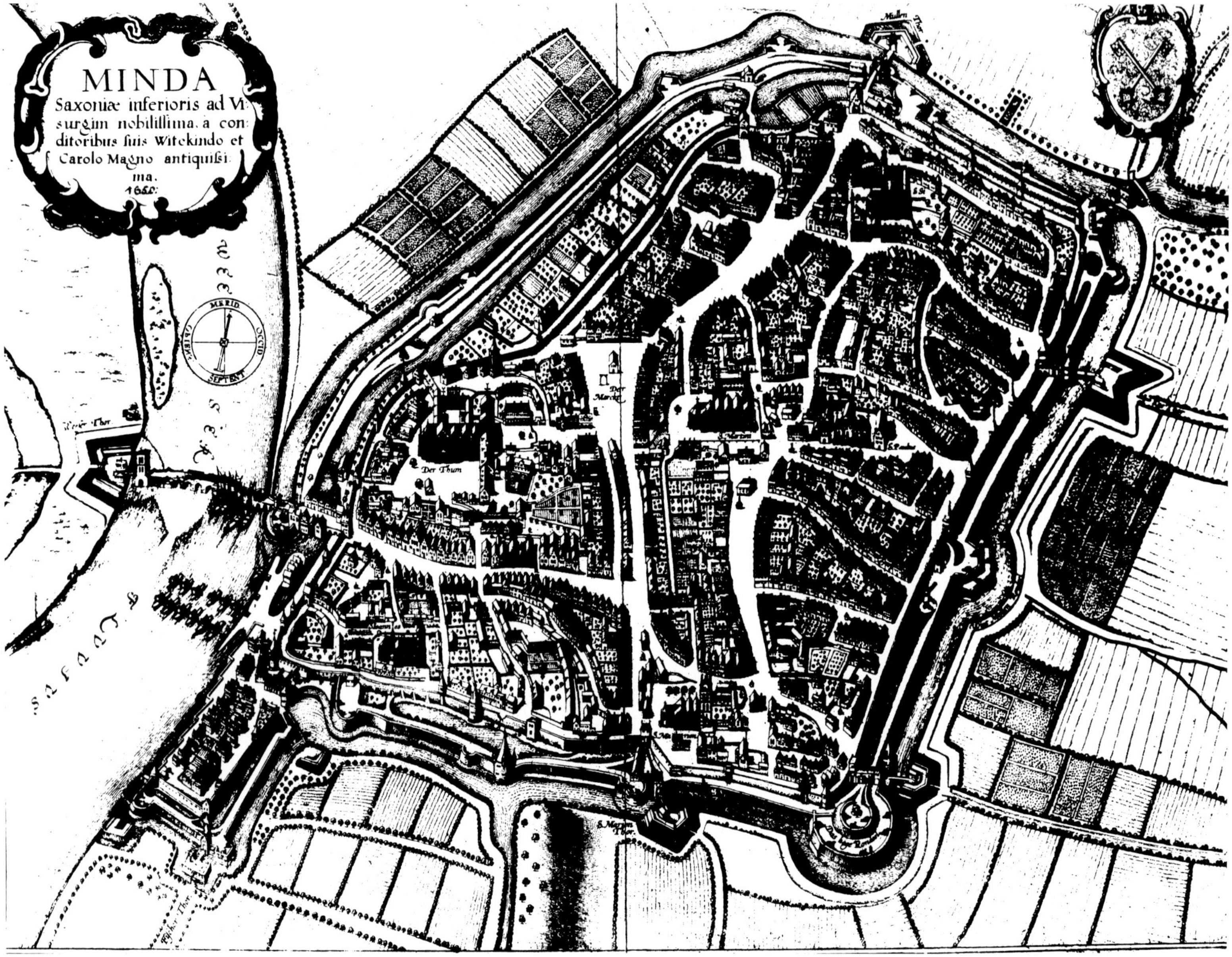

Der Kupferstich von Wenzel Hollar aus dem Jahre 1657 ist praktisch das „Urmaß“ für die spätere Entwicklung der Mindener Kernstadt. In den mehr als drei Jahrhunderten nach diesem Blick auf Minden aus der Vogelschau sind das Straßennetz und die für Minden typische Folge von Plätzen unverändert geblieben: Weserbrücke, Fischerstadt (links unten), Marienwall, St. Marien, Königswall, Schwichowwall und Klausenwall umschließen auch heute noch die Kernstadt etwa im Verlauf der alten Festungsmauern.

Ebenfalls aus der Vogelperspektive ist unser „Luftbild“ aus der Spitze des St. Marien-Kirchturms aufgenommen worden. Es zeigt im wesentlichen einen Blick über die Dächer der Altstadt zwischen der Weserbrücke ganz links im Bild, dem Dom mit seinen grün patinierten Kupferdächern und dem Rathauskomplex rechts im Bild, also etwa ein Viertel der heutigen Innenstadt vor dem Hintergrund des Wesergebirges.

Philipp
LOOS

Das historische Foto ist zum Symbol für die gesamte zerstörte Mindener Innenstadt zwischen Dom und Rathaus infolge der geplanten Bombardierung der historischen Altstadt durch alliierte Bombenangriffe am 6. November und 6. Dezember 1943 und am 28. März 1945 geworden. Am schwersten traf es die Stadt wenige Tage vor Kriegsende, als die Kernstadt in Schutt und Asche sank, wie *dieses Bild* kurz nach dem Angriff zeigt. – Auf der erhalten gebliebenen vierjochigen Rathauslaube wurde das neue Rathaus nur in entfernter Anlehnung an das Original wieder aufgebaut. Das Fachwerk wich Sandsteinmauerwerk, die Walmdächer machten Treppengiebeln Platz, die Gaube mit Turmuhr verschwand.

Das Schmuckstück auf der Südseite des Mindener Marktes ist ohne Zweifel das „Haus Flamme", das auf den ersten Blick eine lange Geschichte vermuten läßt. Dennoch ist es erst im Jahre 1909 durch den Kaufmann Hermann Schmieding errichtet worden. Der Architekt hat es wunschgemäß dem Knochenhauer-Amtshaus in Hildesheim nachempfunden. Reiche Schnitzereien, Erker und Balkons springen dem Betrachter ins Auge. Die Schaufensterfront wurde 1930 eingefügt. – Vorgänger des „Flamme-Hauses" war ein dreigeschossiger Putzbau im klassizistischen Stil des Textilgeschäftes Geschwister Schmieding.

Die Martinitreppe zwischen Markt und Martinikirchhof ist seit Jahrhunderten die wichtigste Fußgängerverbindung überhaupt zwischen der Unter- und der Oberstadt. Allerdings war sie früher zumindest im unteren Teil so eng, daß sie heutigen Fußgängerströmen kaum noch gerecht werden könnte. *Unsere Fotos* zeigen sie im oberen Teil damals und heute. Erst in den letzten Jahren ist die Treppe im Zuge der Verlegung einer Fernwärmeleitung ausgebaut worden. Die notwendige Breite stand praktisch seit dem letzten Bombenangriff auf Minden im März 1945 zwangsläufig zur Verfügung.

Der Mindener Marktplatz auf einer alten Postkartenansicht vor dem Ersten Weltkrieg, als er noch Marktfunktion hatte. Bauern und Gärtner bieten ihre Produkte an. Kinderwagen, Karren und Pferdefuhrwerke dienen als Transportmittel. Neben dem Rathaus ist links die Häuserzeile zu sehen, die früher den heutigen Scharn in zwei Straßenzüge teilte.

Der „neue Markt“ hat sich in den Ausmaßen nicht verändert. Er ist allerdings neu gestaltet worden – für viele Mindener nicht zum Vorteil. Das gilt nicht nur für die Verlegung von dickem und fußunfreundlichem Kopfsteinpflaster nach historischem Vorbild, sondern auch für die mangelhafte Ausstattung des Platzes. Es gibt keinen platzbeherrschenden Brunnen oder Kandelaber, keinen Baum und keinen Strauch und auch keine „verzehrfreie“ Sitzgelegenheit für den müden Spaziergänger.

Der Blick vom Dom über den Kleinen Domhof auf das Fachwerk des alten Rathauses im Hintergrund und auf die Gebäude, die vor 1945 den Kleinen Domhof umschlossen: rechts das ehemalige Hauptzollamt, links das Eckhaus zur Lindenstraße mit dem Geschäft Kopp, das seit 1930 Domizil der ehemaligen Stadtsparkasse Minden (und heutigen Sparkasse Minden-Lübbecke) wurde. Ganz links (und im Bild nicht mehr sichtbar) befand sich einst das Gebäude des Festungskommandanten.

Der Kleine Domhof heute: Er ist der wohl gemütlichste und intimste Platz Mindens geworden. Nach dem Erweiterungsbau des Rat- und Stadthauses in den siebziger Jahren, nach dem Bau des „Hauses am Dom“ auf dem Gelände der ehemaligen Kommandantur mit Gemeindehaus für die Domgemeinde, Domschatzmuseum sowie Geschäften und nach der Anlage einer Tiefgarage unter dem Platz und dem Bau eines gespendeten Platzbrunnens entstand hier eine Oase der Ruhe und gewissermaßen die wirkliche „Gute Stube“ der Stadt Minden.

Neu ist auch die Ansicht auf das Westwerk des über tausendjährigen Mindener Domes. Früher bot sich ein unverstellter Blick aus der Umrahmung des östlichen Bogens der Rathauslaube auf den gesamten monumentalen Domturm, heute ist dieser Blick nur noch eingeschränkt zu genießen – zum Kummer vieler Mindener. Bis heute ist nicht zweifelsfrei geklärt, ob beim Erweiterungsbau für das Rat- und Stadthaus dieser Blick bewußt verstellt oder vom Architekten ganz einfach „übersehen“ wurde, welche einmalige Blickachse hier bislang bestand.

So sah es unmittelbar nach dem Krieg am Kleinen Domhof aus: Anstelle des zerstörten Hauptzollamtes gab es eine behelfsmäßige eingeschossige Ladenzeile, einen Parkplatz und einen ersten kleinen Zentralen Omnibusbahnhof. Im Zuge der Stadtsanierung und der Rathauserweiterung verschwanden diese Provisorien und der Kleine Domhof wurde neu „gefaßt".

Der Große Domhof zu alten Zeiten mit Wochenmarkt und dem um 1885 errichteten zweigeschossigen Postamt oben im Bild, das um 1930 um ein drittes Geschoß erhöht wurde, mit dem Stadthaus und dem Turm von St. Marien im Hintergrund und derselbe Platz nach dem Wiederaufbau des im Krieg bombenzerstörten Postgebäudes in Schlichtbauweise und der Neugestaltung des Platzes als Parkplatz.

Diese alte Straßenkreuzung fiel nicht den Bomben, sondern der Stadtsanierung zum Opfer. Das *alte Foto* zeigt noch links die „Tonhalle“, das Gebäude der Spar- und Darlehnskasse und rechts ein Wohnhaus. Lindenstraße, Markt, Domstraße und Tonhallenstraße trafen hier zusammen. Heute steht an dieser Kreuzung nur noch das Gebäude der alten Stiftsbrauerei. Neu entstanden links die Gebäude der Deutschen Bank und der Commerzbank, rechts ein Geschäftshaus, im Hintergrund der Zentrale Omnibusbahnhof und im Vordergrund der innerstädtische Taxi-Stand in der neuen Fußgängerzone.

Kaum ein Mindener kennt diese Häuser in der Mindener Innenstadt. Sie befinden sich am Marktplatz nahe der Obermarktstraße an einem kleinen Hinterhof, der bislang nicht zugänglich war, jetzt aber durch den Ausbau von Geschäften erschlossen wird. Bemerkenswert am *alten Foto* ist die Tatsache, daß sich das Gebäude links an die über zehn Meter hohe Stützmauer anlehnt, die die Mindener Unterstadt von der Oberstadt trennt und mit der es erst im Mittelalter möglich wurde, die Oberstadtkante zu bebauen. Im *neuen Bild* ist beispielhaft zu erkennen, daß manche private Investoren in Minden diese bauhistorischen Juwele entdecken und sie nach dem Durchbau kommerziell nutzbar und der Öffentlichkeit zugänglich machen. Übrigens befindet sich der Eingang zu diesem versteckten „Hochhaus“ im Hause Markt Nr. 28.

Bis weit in die Nachkriegsjahre hinein war Minden ein Schwerpunkt der Textil- und Bekleidungsindustrie mit Tausenden von Arbeitsplätzen. Hier ist ein Teil der Fabrik- und Wohngebäude der Stoffdruckerei H. W. Küster zwischen Lindenstraße und Klausenwall zu sehen. Nach der Verlagerung der Produktion in Neubauten an der Schillerstraße (das Unternehmen ist inzwischen erloschen) baute die AOK Minden an dieser Stelle ihren „Affenfelsen", wie das modernistisch Kassengebäude aufgrund seiner zerklüfteten Form von den Mindenern scherzhaft bezeichnet wird. In die alten AOK-Gebäude daneben ist der Deutsche Paritätische Wohlfahrtsverband eingezogen. Der Klausenwall hat sich zu einer Haupterschließungsstraße gewandelt.

Die gute alte Zeit zwischen Obermarkt, Königstraße, Simeonstraße und Priggenhagen mit kleinteiliger Geschäfts- und Wohnbebauung und dem gotischen Treppengiebel des ehemaligen historischen Gasthauses „Grüner Wenzel“, eines Steinhauses aus dem 15. Jahrhundert, spiegelt das *alte Foto* wider. Diese ursprüngliche Bebauung wich der Stadtsanierung und insbesondere dem Bau des Obermarktzentrums auf vier Verkaufsebenen zwischen Lindenstraße und Obermarkt. Der Architekt versuchte, die Baugeschichte mit der Nachahmung eines neuen Treppengiebels anstelle des Originals nicht ganz in Vergessenheit geraten zu lassen.

Eine der wenigen größeren Partien in der Mindener Innenstadt, die ihr Aussehen in den letzten Jahrzehnten oder gar Jahrhunderten kaum verändert haben: die gesamte Obermarktstraße zwischen Markt und Königstraße auf der Westseite und teilweise bis zum neuen Obermarktzentrum auf der Ostseite. Hier ein ganz besonders typischer Abschnitt zwischen dem Trockenhof mit dem Stammsitz des Verlagshauses J.C.C. Bruns/Mindener Tageblatt einschließlich des Bürofachgeschäftes bis hin zum Haus Brandenburg/Uhren-Bormann mit dem Glockenspiel.
Bemerkenswert die unter Denkmalschutz stehende Barockeingangstür von Bruns mit der liebevoll restaurierten Fassade.

Ohne Zweifel stadtbildprägend ist bis auf den heutigen Tag das Haus Hagemeyer im Scharn. Aus dem seit dem Jahre 1880 bestehenden Geschäftshaus wuchs nach und nach ein Kaufhaus, wobei (hier im Jahre 1910) zunächst die kleinteilige Parzellierung in der Fassade beibehalten wurde. Erst nach dem Zweiten Weltkrieg entsprach man dem Stil der Zeit mit Schaffung einer durchgehenden „Großstadtfassade", wobei noch der historische Fries mit den guten Helden aus Sandstein über dem Haupteingang beibehalten wurde. Mit der völligen Erneuerung des Hauses unter Einbeziehung des Renaissancehauses von 1592 mit seinem prächtigen Maßwerkgiebel verschwanden auch der Heldenfries und die historische Original-Substanz. Die Scharn-Westseite paßte sich durchgehend dem glatten Baustil der Nachkriegsjahre an und zum überwiegenden Teil auch die Ostseite des aus der Zusammenlegung von Hohn- und Scharnstraße entstandenen breiten Boulevards.

Ein Blick aus dem ehemaligen Atelierfenster der Fotografin Eva Kramer aus dem Eckhaus Großer Domhof auf die Bäckerstraße in Richtung Hagemeyer-Renaissance-Giebel. Aus der noch vom Autoverkehr geprägten Straße ist inzwischen eine Fußgängerzone geworden. Nur noch wenige der ehemals an dieser Haupteinkaufsstraße Mindens gelegenen alten Geschäfte sind erhalten geblieben. Filialbetriebe prägen das heutige Bild.

Wesentliche Veränderungen auch im Kernbereich der Bäckerstraße. Hier ist noch das ehemals führende Hotel Mindens, der „König von Preußen“ (der übrigens bis zum Weltkrieg „Hotel Stadt London“ hieß und dann infolge des Krieges mit England umbenannt wurde), zu sehen. Er hatte seine großen Tage als „erstes Haus am Platze“ zwischen den Kriegen, wurde nach 1945 zeitweise Sitz der Militärregierung und versuchte später, an alte Traditionen anzuknüpfen.
Mit der Stadtsanierung an der unteren Bäckerstraße zwischen Marienwall/Grimpenwall und Bäckerstraße wurde das Hotel ebenso aufgegeben wie sämtliche Wohn- und Geschäftshäuser an dieser Straßenseite bis hin zur Tränke. Sie machten den Neubauten von MindenER, C&A sowie Karstadt Platz. Bei den Neubauten wurde versucht, die kleinteilige Fassadengestaltung der gesamten Bäckerstraße aufzunehmen und so dem Bauensemble mit dem Weserrenaissance-Giebel gleich links nebenan anzupassen.

So bot sich das Wesertor von der Brücke über die Weser aus mit Blick in die Bäckerstraße noch bis Ende des Zweiten Weltkrieges dar *(oben).* Diese Brücke wurde 1945 von sich zurückziehenden deutschen Soldaten gesprengt (wie sämtliche anderen Brücken über Weser und Kanal in der Stadt auch), Ende der vierziger Jahre wieder gehoben und aufgebaut, in den siebziger Jahren wieder abgetragen und durch eine neue und breitere ersetzt. Nach vielbogigen Holz- und Steinbrücken erhielt Minden 1871 die erste zweibogige Stahlbrücke, 1915 die oben erwähnte und 1978 die heutige.

Seit ihrer Inbetriebnahme im Jahre 1916 diente die Überführung des Mittellandkanals über die Weser in Minden der Schiffahrt als Querungshilfe für das etwa 13 Meter tiefer liegende Wesertal. 1945 wurden die beiden Strombögen von deutschen Truppen gesprengt und bereits 1949 wiederhergestellt. Im Zuge des Ausbaus des Mittellandkanals für das größere Europaschiff seit den sechziger Jahren entsteht unmittelbar nördlich neben der alten eine neue Überführung aus Stahl, die mit 42 Metern Fahrwasserbreite auf knapp 400 Metern Länge etwa doppelt so breit wie die alte ist. Die alte Brücke bleibt als Reservebrücke und für die Sport- und Fahrgastschiffahrt bestehen.

Für viele Passanten ist dies der schönste Blick in Minden: von der Weserbrücke über den Strom gen Süden bis zur Porta Westfalica mit dem Kaiser-Wilhelm-Denkmal auf dem Wiehengebirge. Im Prinzip hat sich an dieser Aussicht wenig geändert, sieht man einmal davon ab, daß die auf dem *alten Foto* im Hintergrund links zu erkennende Flußbadeanstalt nicht mehr existiert und dafür erst vor wenigen Jahren eine neue Fußgängerbrücke zwischen Kanzlers Weide und der Weserpromenade am Glacis geschlagen wurde. Diese an zwei Pylonen befestigte filigrane Hängebrücke lockte bereits viele Brückenbauer zu Studienzwecken nach Minden. Sie gilt als ein Meisterwerk der Ingenieurkunst.

An die Hochzeiten Mindens als Beamten- und Garnisonstadt erinnern die Bilder vom ehemaligen Regierungsgebäude in Minden zwischen Klausenwall und Weserglacis nahe dem Wesertor. Zwischen den Jahren 1901 und 1906 entstand das imposante und staatliche Macht demonstrierende Gebäude für die preußische Regierung in Minden. Der vierflügelige Bau wurde allseits im Stil der Weserrenaissance gestaltet. Teilweise ausgebrannt, wurde der Bau nach 1945 in vereinfachter Form wieder aufgebaut. Nach dem Umzug der Regierung von Minden nach Detmold im Jahre 1947/48 dient das Gebäude seitdem der ehemaligen Bundesbahn als Zentralamt und der heutigen Bahn AG als Filiale der zentralen Dienste.

Zur gleichen Zeit, als das Regierungsgebäude entstand, wuchsen in unmittelbarer Nachbarschaft weitere repräsentative Bauten in die Höhe: das Landratsamt gleich nebenan, das Stadttheater auf der gegenüberliegenden Straßenseite und schließlich auch das private Gebäude der „Weserklause“ zwischen Schwanenteich und Klausenwall. Dieser zweigeschossige und im Stil der Zeit reichgegliederte Bau in neobarocker Architektur wurde 1905 fertiggestellt. Er diente der Mindener „Gesellschaft zur Weserklause“, die sich bis heute eine gewisse Exklusivität hinsichtlich der Mitgliederschaft bewahrt hat, als Gesellschaftshaus. Heute wird der Bau vom „Scheitel bis zur Sohle“ intensiv gewerblich genutzt – mit Restaurants, Kneipen, Geschäften und Kinos. Die „Weserklause“ hat sich von ihrem ehemaligen Stammsitz getrennt.

Kaum zu glauben, aber wahr: Beide Fotos zeigen in etwa das selbe Umfeld, nämlich *links* den Schwanenteich kurz nach seiner Anlage Ende des vergangenen Jahrhunderts im Zuge der Schaffung der Minden umspannenden Glacis-Grünanlagen, *oben* in unseren Tagen mit dem Schwanenhaus und dem dominierenden Bau der Filiale der Landeszentralbank.

Es war schon immer etwas schwerer, dem Bundesvermögen schöne Grundstücke zu entreißen. Der Stadt Minden gelang das in den siebziger Jahren nach jahrzehntelangen Bemühungen mit einem Teil des alten Pionier-Wasserübungsplatzes mitten in den Mindener Grünanlagen. Aus dem damals tristen Gelände rechts ist inzwischen ein beliebtes Naherholungsgebiet an der Weser geworden, in dem auch die Kunst nicht zu kurz kommt, wie die Steinskulptur und das Amphitheater zeigen.

Vom Bombenkrieg schwer heimgesucht wurde auch die obere Altstadt Mindens rund um die Kampstraße. Das obige Bild zeigt die brennende Stadt zwischen den Türmen von St. Marien im Hintergrund und St. Martini nach dem Angriff vom März 1945. Bereits am 29. Dezember 1943 war dieser Bereich schwer getroffen worden. Der Wiederaufbau nach dem Krieg hat bewußt manche Lücken gelassen, um die dichte Bebauung der oberen Altstadt aufzulockern. Geblieben ist das ehemalige Gefängnis halb links in beiden Bildern.

Jegliche Möglichkeit einer Bebauung mit Häusern und damit Wohnraum mußte in der ehemaligen engen Festungsstadt Minden genutzt werden. Ein Beispiel dafür ist ohne Zweifel dieses Teilstück der Marienstraße etwa ab Marienwall. Auf der Stützmauer zwischen Marienkirche und Marienstraße thront ein Wohnhaus, das erst 1945 bei einem Bombenangriff verschwand. Heute ist dieses Straßenstück nach dem Bau des Grimpenwalls als Parallelstraße zum Marienwall praktisch Park- und Sackgasse geworden.

Eine ähnliche Situation finden wir an der Hufschmiede vor – ebenfalls im Schatten von St. Marien. Auch dort standen mehrere Häuser auf der Stützmauer. Sie werden teilweise aus dem Jahre 1553 datiert, als im Zuge der Neubefestigung diese verdichtete Bebauung in der Innenstadt angeordnet wurde. Heute sind diese Häuser entweder bombenzerstört oder schon vorher beseitigt worden. Der freie Blick ist der St. Marienkirche zugute gekommen, die sich jetzt imposant von der Hufschmiede her dem Betrachter darbietet. Die neugestaltete Treppe lädt zum Rundgang um Kirche und Gemeindehauskomplex ein.

Nur erahnen kann man heute die ehemalige Bebauung an der St. Marienkirche mit einer Kloster- und Stiftsanlage. Bereits um das Jahr 1000 war ein Benediktinerinnenkloster nach St. Marien verlegt worden. Im 15. Jahrhundert wurde es in ein adeliges Damenstift umgewandelt und 1810 aufgelöst. Die Gebäude wurden mit Ausnahme des Südflügels 1944 bei einem Bombenangriff zerstört. Den erhalten gebliebenen romanischen Südflügel des ehemaligen Kreuzganges bezog die St. Mariengemeinde 1975 bei der Errichtung ihres Gemeindezentrums auf dem ehemaligen Stiftsgelände mit in die Bauplanung ein. Auf dem Gelände des ursprünglichen Kloster-Westflügels entstand ein Neubau für die Gemeindearbeit.

Unmittelbar vor dem Ersten Weltkrieg entstand dieses Foto in der Pöttcherstraße vor dem Haus Nr. 24.
Malermeister Paul Schwarz ist hier mit seiner ältesten Tochter Lisette zu sehen. Das mittelalterliche Haus ist zwischenzeitlich abgebrochen worden. In den achtziger Jahren entstand ein Ersatzbau, der das inzwischen gewachsene Bewußtsein für alte Baustrukturen widerspiegelt: Das Haus ist zwar größer geworden, aber hat die alte Bauform mit Giebel wieder aufgenommen. Wenig weiter sind in derselben Straße Beispiele zu sehen, wie Neubauten einige Jahre früher ohne Rücksicht auf gewachsene Proportionen gefühllos in die Altstadt geklotzt wurden.

Zweimal dasselbe Straßenstück: Der Königswall zwischen der Pöttcherstraße links und der Brüderstraße rechts im Bild. Auch hier hat das Alte dem Neuen Platz machen müssen, wobei an diesem Beispiel deutlich wird, wie sich innerhalb weniger Jahre das Baubewußtsein der Architekten geändert hat. Das Sparkassengebäude links ist noch ohne Rücksicht auf die historische Umgebung konzipiert worden, das Gebäude rechts hat zumindest in Ansätzen die alte, hier einmal vorhanden gewesene Baustruktur wieder aufgenommen. Am Haus finden wir eine Inschriftentafel aus dem Jahre 1567. Hier war übrigens der Sitz des Mindener Festungskommandanten.

Ein Haus mit reicher Geschichte in der Pöttcherstraße 27. Der 1719 errichtete massive zweigeschossige Barockbau diente u.a. der Erbauerfamilie von Huss als Wohnsitz, später ab 1866 der Loge Wittekind zur Westfälischen Pforte als Domizil, während des Krieges dem Luftschutz als Standort und Ausbildungszentrum, nach der sachkundig betriebenen Restaurierung und Sanierung der Bibliothek und dem Kulturamt der Stadt als Unterkunft und nunmehr dem benachbarten Robert-Nußbaum-Altenheim als Haus der offenen Tür für die Altenarbeit.

Fotos links: Ob nun tatsächlich die Schweden während ihrer Besatzungszeit während des Dreißigjährigen Krieges in Minden in dieser Schänke gebechert haben, ist umstritten. Auf jeden Fall wäre dieses aus dem 16. Jahrhundert stammende Haus dafür hervorragend geeignet gewesen, wie die jetzige Nutzung eben als Gasthaus verrät. Erst nach dem Krieg hat sich das ehemals „häßliche Entlein" wieder herausgeputzt. Sein reiches Fachwerk war, wie an allen Mindener Fachwerkbauten, aus Feuerschutzgründen in der Festungszeit hinter einer dicken Zementputzschicht verborgen. Als Schuhmachermeister Sukopp, der hier noch bis in die Nachkriegsjahre hinein sein Handwerk (und eine „Schnellsohlerei") betrieb, die Schuhmacherei aufgab, wechselte das Haus die Besitzer, die das Fachwerk wieder freilegten und mit viel finanziellem und noch mehr ideellem Einsatz eine Gaststätte einrichteten. Die „Schwedenschänke" gilt heute als eines der vielen privaten Schmuckstücke in der oberen Altstadt.

Fotos rechts: Die Geschichte der Museumszeile in der Ritterstraße ist lang und doch kurz zugleich: Lang ist die Geschichte der spitzgiebeligen Häuser, deren Erbauungszeiten in etwa vom Ende des 15. Jahrhunderts (Nr. 23) bis zum 18. Jahrhundert (Nr. 33) datiert werden. Jung dagegen ist die Geschichte als Museumszeile. Sie begann erst 1922 mit der Eröffnung des ersten Hauses. Die folgenden Gebäude wurden nach und nach restauriert und durch historische Bauteile ergänzt, die an anderen alten Häusern in Minden „abgefallen" waren. Heute ist ein gewisser Abschluß der Arbeiten erreicht bis auf die Bürgerschule von 1834 gleich nebenan in der Ritterstraße.

museums
cafe

Das sogenannte „Hansehaus“ aus dem Jahre 1547, seinerzeit als Einraum-Wohn- und Handelshaus errichtet, drohte nach dem Krieg und nach der Aufgabe des Anwesens durch den „Ackerbürger“ Bredemeier, der hier vom Papenmarkt 2 aus seine Landwirtschaft vor den Toren der Stadt betrieb, dem Verfall anheimgegeben zu sein. Ein eigens zu diesem Zweck gegründeter „Verein zur Erhaltung der Kultur an der Weser“ nahm sich des Sorgenkindes an, sammelte Geld und erneuerte das spätgotische Backsteinhaus von Grund auf. Heute dient das mittelalterliche Hallenhaus kulturellen Zwecken der Stadt.

Das Windloch im Schatten des stumpfen Turmes von St. Martini gehört ohne Zweifel zu jenen Objekten in Minden, die am häufigsten fotografiert werden, obwohl die Geschichte des Hauses am Windloch eher unspektakulär ist. Es geht einfach um die Puppenstuben-Atmosphäre, die dieses Häuschen aus dem 16. Jahrhundert umgibt. Auch dieses Haus war einmal von Zementmörtel zugedeckt, ehe es restauriert und zur Freude der Fotografen herausgeputzt wurde. Das Haus am Windloch ist Hinterhaus zum Gebäude Martinikirchhof 10, das einstmals Dienstwohnung des Stadtmusikanten war.

Fotos Seite 44: Eine bewegte Geschichte liegt hinter der St. Mauritiuskirche an der Königstraße, die nur wenigen bekannt sein dürfte. Sie diente zunächst den Mönchen des 1042 in Minden gegründeten Benediktinerklosters als Kirche, ehe das Kloster 1810 aufgelöst wurde. Im Zuge der Säkularisierung richtete der preußische Staat in Kirche und Kloster 1820 für die Garnison Minden ein Artillerie-Zeughaus ein, ehe die Kirche 1945 wieder hergerichtet wurde und der Domgemeinde als Ersatzgotteshaus für den zerstörten Dom diente. In den achtziger Jahren schließlich wurden die Kirche und die Überreste des ehemaligen Klosters mit Kreuzgangrelikten von Grund auf restauriert. St. Mauritius existiert in unmittelbarer Nähe der evangelischen St. Simeonis-Kirche. Katholische und evangelische Gemeinde teilen sich hier Mauern und – wenn man so will – auch den Kirchturm.

Fotos Seite 45: Bis in die sechziger Jahre diente der Königsplatz in Minden als Fest- und Veranstaltungsplatz, als Viehmarkt und zeitweise auch als Wochenmarkt und natürlich für die zweimal jährlich stattfindenden „Messen", der Kirmes. Nach heftigen Debatten entschloß sich der Rat in den sechziger Jahren, diesen Platz mit zwei Schulen zu bebauen, nämlich mit dem Caroline-von-Humboldt-Gymnasium und der Käthe-Kollwitz-Realschule. Beide Schulkomplexe sind heute in die Kurt-Tucholski-Gesamtschule aufgegangen. Mancher träumt dem schönen innerstädtischen Platz hinterher, der heute bis auf den letzten Quadratmeter zugebaut worden ist, wie das *große Foto* zeigt.

Trotz vieler Zerstörungen im Stadtinneren, trotz Stadtsanierung und mancher mißglückten Wiederaufbauten im historischen Stadtbereich hat die Stadt Minden ihre städtebauliche Identität nicht verloren. Wer von Weser- oder Wiehengebirge auf die türmereiche Stadt schaut oder – etwas näher – vom rechten Weserufer auf die sich in den Fluten der Weser spiegelnden Giebelzeilen der Fischerstadt, der wird vielleicht etwas von der histo-

rischen Dimension dieser Stadt erfahren oder erahnen. Die Stadt hinter dem letzten verbliebenen größeren Abschnitt der ehemaligen Festungsmauer hat sich nach allen Seiten geöffnet und ist nicht mehr im Korsett der Festung gefangen. Zukunft ist auch hier angesagt – wenn auch vielfach später als in anderen vergleichbaren Städten, die nicht unter einschnürenden Festungsmauern zu leiden hatten.

Weitere Bücher aus dem Wartberg Verlag

Hans E. Brandhorst

Minden

Ein verlorenes Stadtbild

Historische Fotografien

Ein Stadtbild vergangener Tage aufzublättern, bringt einen Hauch von Wehmut mit sich, aber auch Freude am Entdecken und Erinnern.

Hans Eberhard Brandhorst berichtet mit seinen beeindruckenden historischen Fotografien vom alltäglichen Leben der Bewohner im alten Minden.

72 S., geb., zahlr. s/w-Fotos

ISBN 3-86134-256-1

Babette Gerbode, Reinhard Lüpke, Marianne Witt-Stuhr, Jan Witt

Zeitreise durch Ostwestfalen-Lippe

Ausflüge in die Vergangenheit

Eine spannende Reise zu ausgewählten Orten der Geschichte.

80 S., geb., Großformat, Farbfotos

ISBN 3-86134-322-3

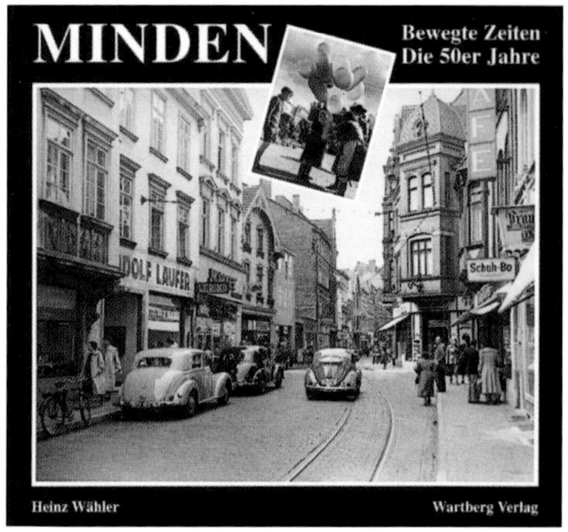

Heinz Wähler

Minden

Bewegte Zeiten – Die 50er Jahre

Die 50er Jahre: Bei vielen Menschen ist die Erinnerung an diese temporeiche, ungewöhnliche Zeit noch lebendig.

Die beeindruckenden Fotografien zeigen den Alltag der Menschen in Minden, ihre Freuden und Sorgen, und berichten von den Ereignissen und Höhepunkten dieses Jahrzehnts.

72 S., geb., zahlr. s/w-Fotos

ISBN 3-86134-319-3

Wartberg Verlag

34281 Gudensberg-Gleichen, Im Wiesental 1

Tel.: (05603) 4451/2030/2033 – Fax: (05603) 3083